Unseren Kindern Tamarica und Cosmea Desirée

FINDLING
BUCHVERLAG LÜNEBURG

Lizenzausgabe für Findling Buchverlag Lüneburg GmbH, D-21339 Lüneburg
ISBN 13 : 978-3-86639-010-2
ISBN 10 : 3-86639-010-6

Gesetzt in der Albany 16 Punkt
Druck: sachsendruck, Plauen

Dieses Buch gehört:

....

Heiderose und Andreas Fischer-Nagel

Meerschweinchen

Findling Buchverlag Lüneburg

Hallo, ich bin Laura, neun Jahre alt. Neben meinen Eltern und meiner besten Freundin Lena mag ich am liebsten Tiere. Wir wohnen mit ganz vielen Haustieren in einem kleinen Dorf in Hessen, in einem Tal mitten in einer schönen, grünen, hügeligen Landschaft. Dort gehe ich auch zur Schule.

Eine Menge Kinder in meiner Klasse haben ein Haustier. Kathrin hat einen Kanarienvogel, Malte einen Kater, Jana hat einen Hund, Daniel einen Hamster und ich habe eine richtige Meerschweinzucht. Nicht nur eins oder zwei, nein, bei mir tummelt sich eine ganze Meerschweinherde. Zuerst waren es natürlich nur zwei, das Männchen Bobby und das Weibchen Pauline, aber die bekamen bald Kinder. Ruck, zuck wurden es im Laufe der Zeit immer mehr. Die anderen Kinder finden meine Meerschweinfarm toll und kommen mich oft besuchen. Wir sitzen dann gemeinsam vor dem Gehege und beobachten die lustigen, fröhlichen Schweinchen, nehmen mal das eine oder andere vorsichtig auf die Hand und streicheln es sanft. Weißt du eigentlich, woher die Meerschweinchen ihren Namen haben? – Sie heißen so, weil sie quieken und grunzen wie kleine Schweinchen und weil sie vor langer Zeit mit den Seefahrern über das Meer gekommen sind. Meerschweinchen stammen aus Südamerika. Im Jahre 1540 erreichten die ersten von ihnen Holland. Kaufleute hatten sie ihren Kindern von den Handelsreisen mitgebracht. Von Holland aus reisten Meerschweinchen bald nach England, Frankreich und natürlich auch zu uns.

In ihrer Heimat Südamerika waren die Meerschweinchen nicht nur die Haustiere der Inkas. Die dort lebenden Indianer hielten sie als Nutztiere, aßen ihr Fleisch oder opferten sie dem Sonnengott, damit er ihnen zum Beispiel gutes Wetter und eine reiche Ernte bescheren sollte.

Zum Glück isst bei uns niemand Meerschweinchen! Für uns sind sie die idealen Haustiere: Sie sind am Tage munter, lassen sich nehmen und streicheln, ohne jemals zu beißen, und machen eine Menge lustige Geräusche. Sie sind pflegeleicht und anspruchslos.

Wie Meerschweinchen aussehen

Bobby, mein Meerschweinmännchen, ist etwas größer als Pauline, sein Weibchen. Er ist fast 35 Zentimeter lang und hat ein Gewicht von 1500 Gramm. Er ist ein ganz schöner Klops und ich muss aufpassen, dass er nicht zu dick wird, denn das ist für Meerschweinchen ebenso ungesund wie für uns Menschen. Pauline sieht gegen Bobby richtig graziös aus. Sie ist mit 22 Zentimetern Körperlänge ein kleines Schweinchen und mit 700 Gramm ein echtes Leichtgewicht. Beide haben einen großen Kopf mit lustigen schwarzen Knopfaugen, eine kleine, stumpfe Nase und ein win-

ziges Maul, das immer so aussieht, als ob es lächelt. Wenn sie gähnen, kann ich ihre scharfen Nagezähne sehen und bin erstaunt, wie weit sie dieses Maul aufmachen können.
Wie Katzen und Hamster haben sie Tasthaare im Gesicht, mit denen sie sich auch im Dunkeln orientieren können. Ihre Ohren sind unbehaart, ganz weich und können prima hören. Der Hals ist sehr kurz und so ähnelt ihre Gestalt tatsächlich der der Hausschweine. Einen sichtbaren Ringelschwanz haben Meerschweinchen allerdings nicht.
Im Freigehege laufen sie blitzschnell hin und her. Meerschweinchen sind so genannte Zehengänger, haben an den Vorderfüßen vier und an den Hinterfüßen drei Zehen.

Meerschweinchen lieben es gesellig

Eine große Menge von Meerschweinchen voneinander zu unterscheiden ist am Anfang gar nicht so einfach. Aber du kannst es lernen!

Zunächst unterscheidest du sie an ihrem Fell: Manche sind einfarbig, andere sogar dreifarbig, einige haben glattes Fell, andere zählen mit ihren lustigen Haarwirbeln zu den Rosettenmeerschweinchen. Die südamerikanischen Wildmeerschweinchen sehen dagegen sehr schlicht aus, haben ein graubraunes, unterseits helleres Fell. Die sichtbaren Grannenhaare sind sehr hart und steif. Das Fell der Hausmeerschweinchen fühlt sich nicht so hart an. Alle Meerschweinchen, ob Wildmeerschweinchen oder Hausmeer-

schweinchen, haben seidenweiche Unterwolle, die sie schön wärmt. Mein Bobby ist ein Rosettenmeerschweinchen mit braun-weißem Fell, das überall große Haarwirbel bildet, die ihn ein wenig struppig aussehen lassen. Ein Grunzen von ihm und die anderen Schweinchen erstarren einen Moment, so als ob sie hören wollten, was Bobby zu sagen hat. Manche von ihnen fangen dann leise an zu quieken oder zu gurren, ja man kann sagen, sie unterhalten sich eigentlich den ganzen Tag. Du erkennst daran, dass sie sich wohl fühlen. Meerschweinchen sind gesellig. Als Einzeltier gehalten sind sie sehr traurig und einsam. Nur ein enger Kontakt zu ihrer Pflegeperson macht ihnen dann das Leben erträglich. Ein Meerschweinchen allein kann also nur jemand halten, der ganz viel Zeit für das Tier hat.

Hochzeit bei Familie Meerschwein

Alle 14 bis 18 Tage ist ein Weibchen paarungsbereit. Bobby ist dann sehr aufgeregt. Mit einem brummenden Knattern umkreist er das Weibchen, wiegt sich von einer Seite auf die andere, treibt es vor sich her und bespritzt es mit ein paar Tropfen Urin. Er ist ungemein aufmerksam und will nichts tun, was das Weibchen verärgert. Er ist der Chef in der Meerschweinsippe und darf sich deshalb mit allen Weibchen paaren. Wenn ein neues Weibchen ins Gehege kommt, herrscht große Aufregung in der Meerschweinsippe. Das neue Weibchen widersetzt sich zunächst dieser Annährung. Es richtet sich dabei auf den Hinterbeinen auf

und reißt sein Maul auf, um seine scharfen Nagezähne wie eine Waffe vorzuzeigen. Manchmal wird der Verehrer sogar wütend mit einigen Tropfen Urin bespritzt. Meist genügt diese Warnung – das Männchen lässt das Weibchen in Ruhe.
Heute ist Rosine, die ich von meiner Nachbarin vor kurzem erst zum Geburtstag geschenkt bekommen habe, für 24 Stunden paarungsbereit. Ob Bobby sich mit ihr paaren wird? Aber wie es scheint, mag sie ihn gut leiden. Aufgeregt streicht er um sie herum, gurrt, grunzt, quiekt leise und zärtlich und stupst die Angebetete an. Schließlich hat er Glück. Rosine bleibt ruhig sitzen, streckt ihr Hinterteil ein wenig in die Höhe, Bobby steigt auf, dringt mit seinem Penis in Rosines Scheide ein, spritzt innerhalb weniger Sekunden seinen Samen ein und befruchtet damit das reife Ei in Rosines Bauch. Meistens bekomme ich das gar nicht mit, so schnell geht es.
Ein Weibchen bekommt ungefähr vier- bis fünfmal im Jahr Junge.

Die Tragzeit

Nach der Paarung putzen sich die Tiere ausgiebig. Es ist wieder Ruhe bei Familie Meerschwein eingekehrt. Bei so vielen Meerschweinchen habe ich meist mehrere trächtige Weibchen. Sie verhalten sich ruhig und unauffällig. Erst in den letzten beiden Wochen ihrer neun- bis zehnwöchigen Tragzeit werden sie dicker. Schweinchen-

rund walzen sie durch das Gehege. Manchmal sehe ich, wie sich die kleinen Babys in Rosines Bauch bewegen, und wenn ich vorsichtig meine Hand an ihren Bauch halte, kann ich die Bewegungen sogar spüren. Ein Meerschweinweibchen bekommt meist zwei, manchmal sogar vier Junge. Die Tragzeit dauert 66 bis 68 Tage. Diesmal soll es das letzte Mal sein, dass sich die Schweinchen vermehren. Inzwischen haben nämlich all meine besten Freunde schon Meerschweinchen aus meiner Zucht. Die Männchen Bobby, Tobi und Oskar sollen nun kastriert werden. Das bedeutet, dass sie nach einer kleinen Operation keine Samen mehr in ihrem Körper herstellen können. Die Hoden werden vom Tierarzt entfernt.

Seit der Paarung von Bobby und Rosine sind acht Wochen vergangen. Eine lange Tragzeit. Ein Meerschweinchen braucht eine genau so lange Entwicklungszeit wie ein Hund oder eine Katze. Dagegen trägt das auch zu den Nagetieren gehörende Hamsterweibchen nur 16 Tage.
Während Hamsterkinder nackt und blind auf die Welt kommen, entwickeln sich kleine Meerschweinchen im Bauch der Mutter vollständig. Wenn sie geboren werden haben sie schon Fell, offene Augen und können herumlaufen.
Jeden Tag gucke ich in das Gehege. Ob die kleinen Meerschweinchen schon da sind? Rosine sitzt in einer Ecke. Sie hat sich kein Nest gebaut und verkriecht sich auch gar nicht in ihrem Schlafhäuschen. Sie gurrt vor sich hin. Ich halte ihr ein Blättchen Salat hin um sie aus der Ecke zu locken. Es klappt! Rosine kommt zu mir getrippelt, aber ich entdecke noch nichts auf dem Platz, wo sie gesessen hat.

Die Geburt

Doch nach zwei weiteren Tagen beobachte ich, wie Rosine unruhig umher läuft, sich mal hier, mal dort in eine Ecke drückt. Es scheint so weit zu sein. Die Wehen, die Muskelbewegungen, mit denen die Jungen aus dem Bauch der Mutter gepresst werden, haben eingesetzt. Aufrecht sitzt Rosine da. Ihren Kopf hat sie weit nach vorn gebeugt. Nun sehe ich, wie sie sich anstrengt. Sie presst das erste Junge heraus, beißt die Nabelschnur durch, über die das Kleine in ihrem Bauch ernährt wurde und leckt ihr Baby trocken. Das geht sehr schnell. Schon kommt ein zweites Junges zur Welt. Ob noch ein drittes oder ein viertes geboren wird? Ich sehe, wie Rosine alle Reste, die Fruchthülle und Nachgeburt, auffrisst. Nichts von der Geburt ist mehr zu sehen. Sie hat nur zwei Junge bekommen. Gemeinsam liegen sie an Rosines Bauch und trinken ihre erste Milch. Im Bauch der Mutter lebten sie gut geschützt in der mit Fruchtwasser gefüllten Fruchthülle. Nährstoffe und Sauerstoff erhielten sie gelöst im Blut der Mutter durch die Nabel-

schnur. Diese verbindet das Junge in Mutters Bauch mit dem Mutterkuchen. Jetzt brauchen sie das alles nicht mehr. Sie sind noch sehr klein, zwei Miniausgaben von Rosine. Beide sind wuschelig, das eine in verschiedenen Brauntönen, das andere weiß-braun-schwarz. Sind die süß! Ein kleines Meerschweinchen ist viel niedlicher als ein neugeborener Hamster oder eine Maus. Die kommen nämlich nackt und blind zur Welt. Ein neugeborenes Minimeerschwein kann schon sehen und läuft gleich auf wackeligen Füßchen herum. Die Augen öffnen diese Tiere bereits zwei Wochen vor der Geburt im Bauch der Mutter.

Guck mal, dieses frisch geborene Meerschweinchen steckt noch in seiner Fruchthülle. Gleich wird es die Meerschweinmutter ablecken und davon befreien. Sie leckt es so lange, bis das Fell nahezu trocken ist.

Oft wird dann schon das nächste Junge geboren. Wenn nicht, schiebt die Mutter ihr Junges zu den Zitzen, damit es zu saugen beginnt.
Meerschweinbabys wiegen 50 bis 60 Gramm, genau so viel wie ein Hühnerei! Weil sie fertig ausgebildet auf die Welt kommen, nennt man sie Nestflüchter. Sie sind in der Lage, sofort mit ihrer Mutter in ein anderes Versteck zu flüchten.
Das können Hamsterbabys zum Beispiel nicht. Auch sie werden in der Fruchthülle geboren, sind aber nackt, können nicht sehen und nicht hören. Hilflos sind sie und können weder ohne ihre Mutter auskommen noch das Nest verlassen.
So wie sie sind viele Tierkinder, zum Beispiel Mäuse-, Hunde-, Katzen- und Vogelkinder, Nesthocker. Sie sind in den ersten Wochen auf die Fürsorge der Eltern angewiesen.

250
200
150
50
40
30
20
0
g

Die Kinderstube

Ich strecke Rosine einen Leckerbissen hin. Sie quiekt, kommt angelaufen, gefolgt von ihren beiden Kindern, die ich Hannah und Robby nenne. Rosine hat Hunger. Sie nimmt eine Möhre und drückt sie mit den Pfoten auf den Boden. So kann ihr die Möhre beim Fressen nicht wegrollen. Dann säugt sie ihre Kleinen wieder. Am Bauch hat sie zwei Zitzen, die jetzt durch die Milch angeschwollen sind. Beim Trinken sitzen die Jungen am Bauch der Mutter. Eine wichtige Körperhaltung, ein Verhalten der Wildmeerschweinchen, das ihnen in freier Natur immer eine schnelle Flucht ermöglicht. Meerschweinjunge werden ungefähr drei Wochen gesäugt. Schon nach zwei Tagen

wandern sie selbstständig herum, nagen ein bisschen am Heu und versuchen ein Körnchen zu fressen. Die anderen Meerschweinchen beschnuppern sie neugierig. „So viele Verwandte“, denken die Kleinen bestimmt. Das ist Robby doch ein bisschen unheimlich. Zaghaft quiekt er, dann hebt er die kleine Nase und schnuppert auffällig nach links und rechts, als ob er etwas suchen würde. Und richtig! Da ist Rosine. Eilig läuft Robby auf sie zu. Er hat

sie am Geruch erkannt. Aber selbst wenn sie mal nicht gleich da wäre, dann würden sich die anderen Meerschweinmütter um ihn kümmern. Sie sind ja alle eine große Familie und jedes Muttertier achtet nicht nur auf die eigenen, sondern auch auf die anderen Jungen.

Die Kinderzeit der Meerschweine ist recht kurz. Schon mit drei bis fünf Wochen sind die Jungen alt genug, um von der Mutter getrennt zu werden. Die jungen Weibchen können sich schon mit fünf bis sechs Wo-

chen selbst paaren und dann Junge bekommen. Die Männchen werden erst mit neun bis zehn Wochen geschlechtsreif.
Unsere zwei kleinen Schweinchen sind noch so klein, dass sie mal dem Vater, mal der Mutter folgen. Manchmal wandern Hannah und Robby hinter ihrer Mutter her, nur um geputzt zu werden. Die Meerschweinmutter leckt in den ersten Tagen nach der Geburt sogar Kot und Urin der Kleinen auf. Das finden wir gar nicht appetitlich, freuen uns aber, dass die Minischweinchen dadurch immer ganz sauber sind.
Müde und satt kuscheln sich Hannah und Robby an ihre Mutter. Sie grunzen behaglich und ruhen ein Weilchen. Plötzlich springen sie auf, sausen blitzschnell herum und hüpfen übermütig hin und her. Manch-

mal sind sie schon ganz mutig, nehmen Kontakt zu ihren Halbgeschwistern auf, beschnüffeln die anderen Erwachsenen und nagen mit ihren kleinen Zähnchen am Futter. Nach zwei Wochen haben die Meerschweinchen sich schon ein ordentliches Bäuchlein angefressen. Wenn sie ausgewachsen sind, bringen sie 1000 bis 1500 Gramm auf die Waage!

Meerschweinchens Sinne

Meerschweinchen können prima hören, riechen, tasten und sehen! Außerdem sind sie sehr lernfähig. Meine Meerschweinchen freuen sich immer, wenn ich komme. Sie kennen mich ganz genau und fangen laut an zu quieken. Die schlauen Tiere wissen, dass ich ihnen etwas mitbringe. Zur Verständigung können sie eine Menge verschiedene Laute machen: knurren, grunzen, schnurren, quietschen, brummen und mit den Zähnen rattern. Jedes Geräusch hat eine Bedeutung und ist für die Unterhaltung der Meerschweine ganz wichtig. Sobald eines „spricht“, lauschen die anderen aufmerksam, stellen

ihre hauchzarten, rosa Ohren auf, sodass ihnen nichts entgeht. Droht Gefahr, genügt ein schrilles Quieken von Bobby, dem „Oberbock“, und „husch“ sind alle blitzschnell im Heu verschwunden. Vorsichtig kommen die kleinen Nasen nach einer Weile wieder hervor. Aufmerksam lauschen die Tiere und mümmeln dann, wenn alles wieder in Ordnung ist, genüsslich weiter an ihren Körnern. Meerschweinchen besitzen nicht nur ein hervorragendes Gehör, sondern ein ebenso gutes Seh- und Riechvermögen. Der Geruch ist ohnehin etwas,

was die Gruppe zusammenhält. Im Freigehege beobachte ich, wie die Meerschweinchen im Gänsemarsch hintereinander herlaufen und die Jungen schützend in die Mitte nehmen. Sie nutzen immer die gleichen Wege, sodass sich nach kurzer Zeit richtige Trampelpfade im Gehege erkennen lassen.
Doch wehe ein Meerschweinböckchen wird erwachsen, so wie gerade Pauli, und versucht sich an Bobbys Weibchen heranzumachen: Bobby umkreist ihn wütend, klappert mit den Zähnen, boxt ihn unsanft in die Seite, läuft steifbeinig um den Rivalen herum und versucht ihn zu beißen. Schon kugeln sie im Meerschwein-Ringkampf herum. Pauli geht zu Boden, dreht sich blitzschnell auf den Rücken und reißt sein Maul auf. Seine Zähne blitzen, aber wir bemerken auch, dass er Angst hat und sich unterwirft. Bobby grunzt zufrieden. Er dreht sich um und marschiert stolz und als Sieger

davon. Dem hat er es aber gezeigt – diesmal jedenfalls.
Ein Meerschweinchenchef muss sich immer wieder neu behaupten. Eines Tages, wenn er alt ist, wird ihn ein jüngeres Männchen besiegen.

Was Meerschweinchen gerne fressen

In meinem Gehege herrscht Frieden. Alle passen gut zueinander. Wie alle Meerschweinchen fressen Bobby, Pauline, Rosine, Hannah und Robby für ihr Leben gern. Dabei verhalten sie sich ganz anders als Hamster und Mäuse, die gierig und nur an sich denkend die Vorräte abschleppen. Manchmal lassen die Männchen den Weibchen und Jungen den Vortritt und warten, bis sie gefressen haben. Nur wenn ich frischen Löwenzahn bringe, können sie sich nicht beherrschen und knabbern die Blätter gleich an. Ich halte ihnen ihr Lieblingsfutter mit der Hand hin. Aufgeregt kommen

sie näher, schnuppern, richten sich auf und stellen ihre winzigen Vorderfüße auf meine Hand. Die meisten haben gelernt mir zu vertrauen. Wenn ich ihnen viel frisches Obst und Grünfutter bringe, trinken meine Meerschweinchen wenig. Am liebsten fressen sie Salat, Möhren, Kräuter, Löwenzahn, Bärlauch, Spitzwegerich und Gräser. Niemals darfst du die Kräuter am Straßenrand oder am Feldrain pflücken,

viel zu dick. Und wer zu dick ist, wird leider auch schneller krank. Und dann gibt es da noch eine Besonderheit, die du wissen solltest: Weil nicht alle notwendigen Vitamine im Futter sind, die Meerschweinchen für ihr Leben brauchen, haben sie von der Natur einen ganz besonderen Blinddarm bekommen. Dort wird reichlich Vitamin B gebildet und mit dem Kot ausgeschieden. Diesen etwas helleren Kot müssen die Meerschweinchen fressen um gesund zu bleiben.

denn hier wird leider zu oft Gift gespritzt! Kohl und Klee sind als Futter übrigens nicht so gut geeignet. Die Meerschweinchen bekommen Bauchschmerzen davon und wenn man Pech hat, sogar Durchfall. Im Winter, wenn sie mehr Körner und Heu fressen, muss ich die Tränke öfter füllen. Außer dem schon genannten Futter bekommen meine Meerschweinchen noch Vitamine und Mineralien. Es gibt sie gepresst als „Pellets“, die sich leicht füttern lassen. Doch aufgepasst: Meerschweinchen werden sehr schnell

Meine Meerschweinchen wohnen drinnen und draußen

In der kalten Jahreszeit leben meine Meerschweinchen ausschließlich im Haus. Sie haben große Käfige, die ich regelmäßig sauber mache, Tränken mit frischem Wasser, Schälchen mit Futter, die nicht umkippen können, ein Stück Rinde zum Klettern und immer etwas Heu zum Knabbern. Daraus machen sie sich auch gerne ein Bett in den geräumigen Schlafhäuschen. Ab und zu, wenn ich Zeit habe auf sie aufzupassen, lasse ich sie frei im Zimmer herumlaufen. Ich achte darauf, dass sie keine Kabel anfressen oder sich hinter den Schrank quetschen. Sie laufen herum und springen meist von ganz allein wieder durch die offene Käfigtür in ihr vertrautes Heim.
Ab und zu, wenn mich meine Freunde besuchen, nehme ich mal dieses, mal jenes Schweinchen aus dem Käfig. Ich zeige ihnen die scharfen Nagezähne von Bobby.

Vier Stück hat er, zwei oben und zwei unten, so wie alle Nagetiere. Deshalb muss er auch immer hartes Brot bekommen, denn nur so können sich die Zähne abnutzen. Hätte er diese Möglichkeit nicht, würden die Zähnen wachsen und wachsen. Bald wären sie wie Säbel, würden ihn verletzen und so stören, dass er nicht mehr fressen könnte. Geduldig und gutmütig lassen diese tagaktiven, sehr zahmen Tiere vie-

les über sich ergehen. Sie sind es ja gewohnt, denn ich nehme sie oft auf den Arm und spiele mit ihnen. Natürlich mache ich regelmäßig den Käfig sauber. Es stinkt sonst und die Tiere würden bald ungepflegt und schmutzig aussehen, wenn sie in dem Schmutz herumlaufen müssten.
Im Sommer sind sie am liebsten in ihrem großen Freigehege. Sie haben dort dicke Wurzeln zum Klettern und geräumige Schlafhäuschen mit Stroh, in denen sie schlafen und sich bei Regen verkriechen können. Auch zu viel Sonne mögen sie nicht und huschen ab und zu lieber in den Schatten. Über das Gehege habe

ich ein Drahtdach gelegt, so sind die Meerschweinchen vor Katzen, Hunden und Greifvögeln geschützt. Wenn ich mit ihnen spielen will oder sie füttere, nehme ich das Drahtdach ab. Ich setze die Schildkröten Max und Ede dazu. Ab und zu kommt mein Kater Sascha. Wie du siehst, ist er freundlich und ein echter Meerschweinchen-Fan.

Und noch mehr Meerschweinchen

Nicht alle Meerschweinchen haben glattes Fell: Es gibt langhaarige Angora-Meerschweinchen, die, wenn sie ausgewachsen sind, lange, seidenweiche Haare haben. Sie ziehen eine richtige Haarschleppe hinter sich her, die man natürlich sehr pflegen muss, denn lange Haare verfilzen ganz leicht und sehen dann struppig aus. Im Gegensatz zu allen anderen Meerschweinrassen wechseln sie nie ihr Fell. Es wächst und wächst!
Kurzhaarige Meerschweinchen pflegen sich selbst. Trotzdem muss ich ab und zu ihre Haut kontrollieren. Durch die Haltung in Gefangenschaft bekommen sie manchmal zu trockene Haut oder kleine Plagegeister wie Milben befallen sie. Die Krallen müssen regelmäßig geschnitten werden, denn in Käfigen nutzen sie sich nicht genug ab.

Sind sie zu lang, sollten sie lieber vom Tierarzt gekürzt werden. Andere Meerschweinchen haben viele Haarwirbel. Man nennt sie Rosetten-Meerschweinchen. Ob einfarbig, mehrfarbig, gescheckt, langhaarig, kurzhaarig oder weißhaarige Albinos mit roten Augen – Meerschweinchen sind wirklich liebenswert!

Die Verwandten

So bunt wie unsere Hausmeerschweinchen sehen die wilden Verwandten freilich nicht aus.
Wir können sie im Zoo betrachten und dort viel über sie lernen.

Das Aguti-Meerschweinchen *(unten)* lebt im südamerikanischen Urwald. Es ist viel größer als das Hausmeerschweinchen, hat längere Beine, ein einfarbiges, graubraunes, sehr kurzhaariges Fell, ist schlank, lebhaft, scheu und ängstlich.

Das Tschudi-Meerschweinchen *(oben)* ist in Chile zu Hause. In 4200 m Höhe, im Gebirge, wohnt es in Erdlöchern. Von seiner Höhle führen Trampelpfade zu den Futterplätzen. Ihre Körper sind sehr schlank. Sie ernähren sich von Kakteen, weil diese Pflanzen sehr viel Wasser enthalten, das zum Überleben in diesen trockenen Regionen lebensnotwendig ist. Das Tschudi-Meerschweinchen gilt als Vorfahr unserer Hausmeerschweinchen.

Ebenfalls mit den Meerschweinen verwandt sind die Maras, die Chinchillas und die Wasserschweine. Die Maras *(rechts)* leben in den Wüsten und Steppen Argentiniens. Sie sehen aus wie Hasen mit kurzen Ohren. Auch sie leben in Höhlen, die sie sich mit ihren Scharrkrallen graben.
Das Wasserschwein *(unten)* ist das größte heute noch lebende Nagetier. Es sieht wie ein riesiges Meerschwein aus und lebt im Sumpfwald der südamerikanischen Flüsse und Seen.

Chinchillas *(oben)* zählen heute zu unseren Heimtieren. Ab und zu kann man sie in Zoohandlungen sehen und kaufen. Sie haben dichtes, sehr weiches, meist silbergraues Fell und fühlen sich ganz kuschelig an. Ihr Fell gehört zu den feinsten und teuersten Pelzen, weshalb sie früher oft zu hunderten zur Pelzgewinnung gehalten wurden. Auffällig sind ihre großen, schwarzen Knopfaugen.

Stell dir vor, auch Biber, Nutria, Eichhörnchen *(links unten)*, Streifenhörnchen, Mäuse, Hamster *(rechte Seite,links unten),* Siebenschläfer, Murmeltiere und sogar das Stachelschwein *(unten)* gehören zu den Verwandten des Meerschweinchens. Sie alle sind Nagetiere und haben je oben und unten im Kiefer zwei Nagezähne, die ständig weiterwachsen.

Doch nicht alle Nager sind so freundlich wie die Meerschweinchen. Der Goldhamster zum Beispiel, ein niedliches, liebenswertes, hübsches und possierliches Tierchen, ist nachtaktiv und wird erst munter, wenn wir schlafen. Kein Wunder, dass er uns am Tage manchmal verärgert in den Finger beißt, wenn wir ihn wecken. Ich jedenfalls liebe Meerschweinchen und kann sie sehr empfehlen. Sie sind fröhlich, unterhaltsam und anhänglich, lassen sich gerne streicheln und sind ausgesprochen pflegeleicht.

Nun hast du eine Menge über Meerschweinchen gelernt. Du weißt, worauf du achten musst: Lass dein Meerschweinchen nicht zu dick werden, pass beim Freilauf in der Wohnung auf, dass es keine elektrischen Kabel anbeißt. Schütze es bei seinem Aufenthalt im Freigehege vor Feinden. Bei der richtigen Pflege wird es sieben bis acht Jahre alt und du hast eine Menge Spaß mit ihm.